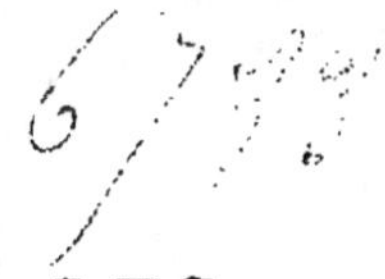

LES
USAGES RURAUX ET URBAINS

DU

CANTON SUD-EST D'ANGERS

PAR

GUSTAVE JOUSSE

En vente dans toutes les Librairies d'Angers.

ANGERS

IMPRIMERIE-LIBRAIRIE GERMAIN ET G. GRASSIN

RUE SAINT-LAUD

1886

LES
USAGES RURAUX ET URBAINS

DU

CANTON SUD-EST D'ANGERS

PAR

GUSTAVE JOUSSE

En vente dans toutes les Librairies d Angers.

ANGERS

IMPRIMERIE-LIBRAIRIE GERMAIN ET G. GRASSIN

RUE SAINT-LAUD

1886

PRÉFACE

L'article 1159 du Code civil dit : « Ce qui est *ambigu* s'interprète par ce qui est *d'usage* dans le pays où le contrat est passé. » Et l'article 1160 : « On doit suppléer dans le contrat les clauses qui y sont d'usage, quoiqu'elles n'y soient pas exprimées. »

Or, il existe dans chaque canton, dans chaque commune même, des usages dits locaux qui servent de base, depuis un temps immémorial, à tous les contrats passés entre particuliers.

Mais, il y a peu de temps encore, ces usages n'étaient pas parfaitement définis. Aussi M. le Ministre de l'Intérieur invita-t-il, par une circulaire en date du 26 juillet 1844, MM. les Préfets à consulter les Conseils généraux sur l'opportunité de faire constater et recueillir, dans l'intérêt des services administratifs et des tribunaux, les usages locaux auxquels se réfèrent diverses dispositions législatives.

Une Commission, formée d'hommes compétents, fut nommée dans chaque canton et tint séance sous la présidence du juge de paix.

La Commission du canton Sud-Est d'Angers était composée comme suit :

MM.

Houdmon, juge de paix, président ;

Segris, avocat, membre du conseil général ;

Montrieux, membre du conseil d'arrondissement ;

André Leroy, membre de la chambre d'agriculture ;

Hervé, maire d'Andard ;

Rousseau, notaire à Andard, secrétaire ;

Paimparé, ancien notaire et expert.

Cette Commission se réunit à Angers longtemps après la circulaire ministérielle et le procès-verbal rédigé et signé par cette Commission est en date du 26 août 1856.

En consultant les documents qu'on a bien voulu nous communiquer pour la rédaction de ce modeste volume, nous avons été frappé des changements survenus dans les usages, surtout en ce qui concerne les assolements. Cependant il nous a paru impossible de faire aucune modification. Nous avons donc accepté les usages tels qu'ils ont été déterminés par la Commission officielle.

Suivant la méthode adoptée par MM. Robert et Gasté, avocats à la Cour d'appel d'Angers, et auteurs d'un *Dictionnaire des usages ruraux et urbains* (1) des départements de Maine-et-Loire, de la Sarthe et de la Mayenne, nous avons classé nos *usages* par ordre alphabétique et sous la forme d'un dictionnaire. Cela évitera des recherches.

Nous tenons à remercier ici MM. Robert et Gasté, qui ont bien voulu nous autoriser à puiser dans leur excellent livre des renseignements que nous n'avons pas trouvés dans les

______

(1) Cet ouvrage est complètement épuisé.

procès-verbaux de la Commission officielle et que ces deux auteurs s'étaient procurés après une tâche longue et ingrate.

Notre travail n'est donc, pour ainsi dire, qu'une répétition de leur publication dont l'édition a été trop tôt épuisée et qui, malheureusement, n'était pas à la portée de toutes les bourses.

Nous n'avons pas la prétention d'avoir fait une œuvre irréprochable : des omissions et des erreurs s'y trouvent probablement ; mais nous avons essayé de remplir le mieux possible la tâche suivante : rendre des services à la classe si intéressante des cultivateurs.

Aussi nous espérons que notre modeste ouvrage sera bientôt entre les mains de tous les intéressés du canton Sud-Est d'Angers. Puisse-t-il éviter les différends qui s'élèvent souvent entre voisins, entre locataires et propriétaires, ne connaissant pas leurs droits réciproques !

Ce 20 août 1886.

GUSTAVE JOUSSE.

temp

LES
USAGES RURAUX ET URBAINS

DU

CANTON SUD-EST D'ANGERS

A

Abeilles (en fuite). — « Le propriétaire d'un
« essaim a le droit de le réclamer et de s'en
« ressaisir tant qu'il n'a pas cessé de le pour-
« suivre ; autrement, l'essaim appartient au pro-
« priétaire du terrain sur lequel il est fixé. » Loi
du 28 septembre et 6 octobre 1791, art. 5.

Dans la colonie partiaire, elles restent en totalité
au colon, à moins qu'elles n'aient été placées sur
la ferme par le propriétaire et qu'elles ne soient
immeubles par destination.

Aire (batuelle). — Le redressement du sol,
l'aplanissement de la surface de l'aire sont à la
charge du sortant.

Aire (maisons et bâtiments). — Les réparations sont à la charge du fermier.

Arbres et arbustes. — Le droit d'abattage des arbres et arbustes est interdit au fermier. Il appartient au propriétaire qui l'exerce, à son gré, sur tous les arbres de la ferme, avec certaines restrictions. Cependant indemnité est due, toujours et partout, au fermier pour les dommages occasionnés dans les clôtures ou dans les récoltes par la chute des arbres.

Le locataire peut, lors de la cessation du bail, enlever les rosiers et autres arbustes d'agrément qu'il a pu complanter en pleine terre, à moins que le propriétaire ne veuille les. conserver, auquel cas il est obligé de payer une indemnité fixée à l'amiable ou à dire d'experts. Le même droit existe pour les plantes en pot.

Jardiniers, pépiniéristes et fleuristes ont, par exception, la faculté de disposer à leur gré des plants destinés à la vente dont ils ont garni les jardins.

Quant aux grands arbres d'agrément ou d'ornement, les eût-il même plantés, le locataire ne peut jamais les enlever ni les détruire.

Les plants des fruitiers sont à la charge du propriétaire qui, en compensation, a le bois mort.

Les arbres morts ou brisés sont attribués au propriétaire.

Ardoises. — La Commission des Ardoisières d'Angers donne 104 ardoises pour 100.

Arrhes ou denier-à-Dieu. — Les arrhes sont considérés comme un acompte sur le prix du gage.

Assolement. — On appelle assolement l'ordre qu'il est bon d'observer dans les cultures (1).

Avoine. — (Chaumes). Hauteur de la coupe : ras terre.

Les pailles se partagent : un tiers au sortant, deux tiers à l'entrant.

B

Bail verbal. — (Dates). Pour les maisons, 24 juin au 1er novembre. Pour les métairies, 1er novembre.

Bail verbal. — (Durée). Pour un appartement garni, 1 mois. Pour une métairie, 3 ans. Pour une maison entière, 1 an (2). Pour les terres volantes, 1 an.

Baliveaux. — Les baliveaux doivent être de l'âge de la coupe et désignés par le propriétaire. Le fermier, si l'on s'en rapporte à lui, choisit les beaux pieds, espacés convenablement sur l'ensemble du terrain.

---

(1) Nous n'insisterons pas sur l'assolement. A notre avis, les assolements relevés par les commissions cantonales ne doivent plus faire loi. Les progrès de l'agriculture se sont fort étendus et on doit laisser une large place aux sages innovations qu'on ne saurait trop encourager.

(2) Si le locataire entre en jouissance à une époque autre que celle usitée, le temps compris avant le 24 juin ou le 1er novembre ne compte pas pour la durée du bail qui prend fin aux termes accoutumés.

Barrières, échaliers ou claies. — L'entretien des barrières et des échaliers est dû par le fermier.

Bestiaux. — Dans la colonie partiaire, le nombre des élèves est fixé par le propriétaire.

On comprend dans ce canton, sous le nom de gros bestiaux, les bœufs et les génisses de deux ans au moins, les chevaux et les mulets. Deux élèves comptent pour une tête de gros bétail.

Il est expressément interdit de loger et nourrir les bestiaux hors de la ferme exploitée.

Dans les closeries, il doit y avoir une tête de bétail par hectare.

Dans les métairies, le métayer doit entretenir une tête de gros bétail par un hectare trente-deux ares de terre, non compris closeaux, vignes, prés et bois.

Dans la colonie partiaire, la race est choisie par le propriétaire.

Bettes et betteraves. — La consommation doit se faire sur place. Le fermier ne peut ni les vendre, ni les enlever (1).

Boires. — (Curage). Le curage se fait à frais communs entre riverains ; la boue et les détritus sont jetés de chaque côté, par moitié.

Leur largeur est de 2 mètres; on va même quelquefois jusqu'à 4 mètres.

Elles sont présumées mitoyennes.

---

(1) Il y a exception pour l'espèce de betteraves destinées à la fabrication du sucre.

Bois de feu. — Le charroi du bois de feu au domicile du propriétaire est à la charge du fermier ou colon. Ce transport ne doit pas dépasser, en longueur, un myriamètre, en nombre, trois par an.

Bruyères. — Le locataire d'un jardin peut en faire sortir la terre de bruyère qu'il y a fait entrer.

C

Carottes. — La consommation des carottes se fait sur place : le fermier ne peut ni les vendre, ni les enlever.

Cendres et charrées. — Le fermier en a la disposition absolue.

Ceps. — Le remplacement des ceps morts se fait aux frais du fermier ou vigneron, s'il est impossible de provigner.

Chaintres.— Le fermier doit enlever les épines des chaintres et les nettoyer, lors même que les haies ne seraient pas mises en coupe réglée.

Chardons. — Le fermier est tenu d'exécuter tous les règlements relatifs à la destruction des chardons.

Charrois. — Les fermiers qui n'ont pas d'attelage suffisant, sont dispensés de tout charroi.

Chasse. — Le droit de chasse est toujours réservé au propriétaire, à moins de conventions contraires écrites.

Le fermier étant obligé de supporter les inconvénients ordinaires de la chasse, il ne lui est dû d'indemnité .qu'en cas d'abus.

Chaumes. — Leur consommation se fait sur place ; le fermier ne peut ni les vendre, ni les enlever, soit au cours, soit à la fin du bail.

La coupe des chaumes. est faite par l'entrant, qui les ramasse et les conduit à la ferme.

L'entrant prend les deux tiers des chaumes, le sortant un tiers et, lorsque ce dernier n'a pas fait consommer sa part, il la laisse sur le lieu.

Choux. — La consommation des choux se fait sur place, comme fourrage.

Cidre. — Le fermier doit le charroi du cidre au domicile du propriétaire ou au lieu qu'il lui a indiqué.

Les marcs sont considérés comme engrais et laissés par le sortant.

Closerie. — On appelle de ce nom une exploitation de moins de huit hectares.

Congé. — Si la location comprend une habitation et des terres volantes que l'on considère comme accessoires, il faut donner congé.

Le bail des héritages ruraux finit de plein droit à l'expiration des trois ans, au cas où l'héritage exige ce laps de temps pour tout recueillir, et d'un an s'il s'agit d'un fonds dont les fruits se récoltent en entier dans cette courte période.

Il faut donner congé à l'époque suivante :

Pour les boutiques et cafés, avec ou sans appar-

tements, 6 mois d'avance. Pour les chambres gar-
nies louées au mois, 15 jours à l'avance. Pour une
chambre à feu, 3 mois. Pour plusieurs chambres
à feu, 6 mois. Pour une seule chambre à feu avec
grenier et cave, 6 mois. Pour une seule chambre
à feu avec cour ou portion de cour privative,
6 mois. Pour une seule chambre à feu avec jardin,
6 mois. Pour une écurie, 3 mois. Pour des jardins, sans distinction, 6 mois. Pour jardins, avec
maison, 6 mois. Pour une maison entière, sans
distinction, 6 mois. Pour les terres volantes avec
maison, le congé est nécessaire.

Cultures. — Pour les changements de culture,
l'autorisation du propriétaire est nécessaire.

D

Déchets de bois et copeaux. — Ces déchets sont
au propriétaire, lorsqu'ils proviennent des bois
des réparations, réfections et reconstructions.

Ces déchets, dus au propriétaire, sont char-
royés à son domicile aux frais du fermier, jusqu'à
la distance d'un myriamètre.

Déménagement. — Dans les héritages ruraux,
on accorde au fermier sortant jusqu'au lendemain
à midi, du jour de l'expiration du bail. L'entrant
peut emménager dès le jour même.

Direction de l'exploitation. — Elle appartient
au propriétaire, pour la colonie partiaire.

Domestiques. — On distingue, pour les usages, deux sortes de domestiques :

1° Les serviteurs attachés à la personne, comme valets de chambre, femmes de chambre, cochers, cuisinières, etc.; on les appelle domestiques personnels ;

2° Les serviteurs attachés à l'exploitation agricole : tels sont les garçons et les filles de ferme, les bouviers et les vachères, etc. (1).

L'apprentissage n'est pas un motif admissible de résiliation.

Si le maître cesse son exploitation, cette cessation ne le dégage pas vis-à-vis du domestique. Celui-ci peut cependant offrir ses services au successeur ; s'ils ne sont pas acceptés, il lui est dû une indemnité.

La durée du louage est d'un an complet à partir du 24 juin.

Si le domestique s'engage dans l'armée volontairement, ce motif ne le délie pas vis-à-vis du maître.

Dans le cas de résiliation avant l'exécution du contrat de louage, il y a lieu à une indemnité. Si cette résiliation se fait plus de 24 heures après le marché, le maître perd le denier-à-Dieu simple, si la rupture vient de lui ; et le domestique, qui la provoque, rend le denier-à-Dieu double. Dans les 24 heures du marché, aucune indemnité n'est due.

En tous cas, si la résiliation est voulue par le

---

(1) Dans le cours de cet article, nous désignerons les premiers par cette abréviation : dom. pers.

domestique, sans raisons admissibles, il rend les arrhes.

Le louage peut être résilié de part et d'autre, sans indemnité, en se prévenant huit jours d'avance (dom. pers.).

En cas d'indemnité à fixer pour des cas particuliers, cette indemnité est arbitrée par le juge de paix.

Le mariage n'est pas une cause suffisante de résiliation.

En cas de mort du maître, le domestique peut ou se retirer ou offrir ses services au fermier successeur. Si le successeur les refuse, le domestique a droit de demander aux héritiers de son maître des dommages-intérêts. Si le successeur est en même temps l'héritier, le contrat de louage continue sans modification.

Le nombre des domestiques doit être suffisant pour faire, en temps utile, tous les travaux de la ferme.

En principe, les domestiques doivent au maître tout leur temps.

Cependant, les dimanches et fêtes reconnues, ils ne sont tenus que des soins des bestiaux et du ménage, excepté au moment de la récolte, où, même ces jours-là, ils doivent exécuter tous les travaux nécessaires.

Dommages-intérêts. — Le fermier sortant doit des dommages-intérêts pour tous les dégâts commis dans la ferme, pour tous les torts causés à l'exploitation, par malice ou par négligence, pendant toute la jouissance, sans pouvoir pourtant remonter au-delà des neuf dernières années.

Ces dommages-intérêts sont prescrits, c'est-à-dire qu'on ne peut plus les réclamer au fermier un an après sa sortie.

E

Echelles. — Les réparations des échelles sont à la charge du fermier.

Echenillage. — Le fermier doit exécuter tous les règlements administratifs.

Egoûts des toits. — Ils emportent la propriété du fonds sur lequel ils tombent.

Elagage ou émondage.— L'élagage pour le boidur a lieu à neuf ans. Pour le bois blanc, le fers mier a deux coupes dans un bail de neuf ans, une à cinq ans, l'autre à quatre ans (1).

Pour le chêne et le châtaignier, l'émondage se fait à sept ans, par septième.
Pour les essences autres que chênes, brosses et châtaigniers, il se fait à quatre ou cinq ans.
Les émondes appartiennent au fermier.
Le fermier doit ménager les renaissances et les jeunes arbres ; il ne peut les élaguer et les étêter sans l'ordre formel du propriétaire.

Si, par suite de la brièveté de son bail, le fermier ne peut pratiquer l'émondage, il lui est

____

(1) Généralement, s'il y a mélange d'essences, la règle est imposée par l'essence qui prédomine.

alloué une indemnité proportionnée au temps de la jouissance, pour les sèves qu'il a nourries, et dont il ne profite pas. Cette indemnité (de trois neuvièmes, de trois cinquièmes ou de trois quarts de la valeur de la coupe) est due par l'entrant sans aucun recours contre le propriétaire.

Engrais. — Sont considérés comme engrais naturels, toutes les litières et tous les fourrages.

Ensemencés. — Le sortant doit avoir terminé ses ensemencés le 24 juin, sauf pour les jardins légumiers, qui peuvent être cultivés jusqu'au 15 septembre.

Espaliers. — Les espaliers sont immeubles par destination. Le propriétaire doit les fournir, en bon état et attachés, et le fermier les entretient dans toutes leurs parties et accessoires.

Etables et écuries. — A partir de la Saint-Jean qui précède sa sortie, le fermier doit curer les étables et les écuries, et les manes qui en proviennent sont déposés sur les fosses à fumier, aux endroits accoutumés.

Etalons. — Dans la colonie partiaire, les frais de saillie sont supportés par moitié.

Etat des lieux. — Les frais de l'état des lieux sont supportés moitié par le propriétaire et moitié par le fermier.

Exploitation. — (Colonie partiaire.) La direction de l'exploitation est entièrement réservée au propriétaire. C'est lui qui choisit les animaux à acheter, à vendre, à échanger ; qui fixe la nature des races, la quantité des élèves ; qui indique quels mâles seront châtrés, quelles femelles seront saillies ; qui détermine la forme des labours, le genre et l'étendue des cultures, etc.

Les frais de l'exploitation sont tous à la charge du colon (1) et tous les travaux sont exécutés par lui.

F

Faînes, feuilles, gazons, glands, mousses. — On ne peut les enlever ; on doit les laisser sur place comme engrais.

Exceptionnellement, si le fermier manque de litière, le propriétaire l'autorise à employer des menues récoltes.

Fermages. — Les fermages se paient au domicile du propriétaire ou au lieu qu'il indique (2).

Fermiers généraux. — Ils sont substitués à tous les droits du propriétaire vis-à-vis des fermiers ou colons de détail.

Feuilles de frêne et d'orme (dernière année). — Ces feuilles sont partagées : un tiers au sortant, qui doit les consommer sur place, et deux tiers à l'entrant qui a la charge de les recueillir toutes.

---

(1) Il faut cependant excepter de cette règle générale certains frais supportés par moitié, comme ceux de saillie, de péage, d'engrais, etc.

(2) Dans tous les cas, le paiement de l'année de sortie doit se faire avant l'enlèvement des meubles.

Fleurs. — Le locataire d'un jardin ne peut détruire les fleurs et les plantes vivaces annuelles qu'il a trouvées sur le lieu.

Foins. — La consommation se fait sur place. Le fermier ne peut ni vendre ni enlever ses foins, pendant le cours et à la fin de son bail. Cette règle n'est pas obligatoire pour les closeries ou borderies.

Le fauchage doit se faire le plus ras possible sous peine de dommages-intérêts.

Dans les prés naturels, la récolte des foins se fait après le 1er juin.

Il n'y a pas de date déterminée pour les prés artificiels.

Le sortant a droit de faire consommer le tiers des foins naturels pris dans les prés bons ou mauvais.

Pour les foins artificiels, dans la dernière année, un tiers revient au sortant, deux tiers à l'entrant.

Le sortant et l'entrant, dans la récolte des foins, font chacun les travaux que nécessite leur part de fourrages.

Foires et marchés. — La conduite des bestiaux d'une colonie partiaire est à la charge du colon, qui en supporte tous les frais.

Fossés. Curage à vieux fonds et à vieux bords. — Le fermier doit faire le curage lors de la coupe du bois émondable du taillis et de la réparation des haies, plus souvent même s'il en est besoin.

L'époque de ce curage est la même que celle fixée pour l'émondage et la coupe des taillis.

Ce curage se fait à frais communs par les fermiers riverains, et les détritus se partagent par moitié.

Les terres provenant du curage servent à réparer les brèches faites aux lits ou lisières, et le surplus est employé en compost. On en augmente la masse des engrais.

L'inclinaison des fossés doit être de 45 degrés.

Les fossés doivent avoir 1^{m}30 d'ouverture, sans distinction de leur usage ou de leur emplacement.

Cependant les fossés de séparation, notamment dans les communes d'Andard, Brain, Trélazé, ont 2 mètres au moins et 4 mètres au plus.

La largeur du fond du fossé est fixée à 0^{m}50, la profondeur, de 0^{m}60 à 0^{m}80.

Le fermier est passible de dommages-intérêts s'il n'a pas fait en temps utile la réparation des fossés.

Le fermier doit aussi l'entretien des rigoles.

Fosse à fumier. — Il faut élever, entre la fosse et le mur voisin, un contre-mur d'une épaisseur convenable.

Entre la fosse et un puits, le contre-mur doit être en pierres dures avec mortier de chaux.

Four. — L'entretien du carrelage du four est à la charge du fermier.

Fourmilières et taupinières. — Le fermier doit les raser et les étendre sur le sol deux fois par an.

Froment. — La hauteur du chaume, dans la dernière année, doit être de 0^{m}40.

Fruits. — (Colonie partiaire.) Les fruits de la ferme se partagent par moitié entre le propriétaire et le colon (1).

G

Gages. — Dans la colonie partiaire, les gages des domestiques sont acquittés exclusivement par le colon.

En sus de la somme d'argent, il est d'usage, dans certains cantons, d'accorder aux domestiques de ferme. surtout aux femmes, une certaine quantité de toile qui fait partie des gages.

Si cette toile n'est pas payée en nature le jour de la sortie, et si le prix n'en a pas été fixé d'avance, elle est remboursée à raison de 1 fr. 60 le mètre.

Gourmands. — La destruction annuelle des gourmands est obligatoire pour le fermier ou colon.

Gouttières. — L'entretien de toutes les gouttières est à la charge du propriétaire, qu'elles servent ou non à l'écoulement des eaux pluviales.

Greffer. — En général, le droit de greffer est interdit au fermier.

Gui. — La destruction du gui est obligatoire et à la charge du fermier ou colon.

---

(1) Le locataire d'un jardin n'a aucun droit sur les fruits qui ne sont pas parvenus à maturité au moment où le bail finit.

H

Haies. — Les haies des taillis se coupent en même temps que les taillis.

Le propriétaire a toujours le droit de planter des haies nouvelles ou d'arracher les anciennes, et le fermier ne peut s'en plaindre qu'au cas où les travaux nécessités par ces changements causeraient un dommage réel à ses labours, ensemencés et récoltes.

L'entretien et la réparation des haies sont à la charge du fermier et se font au moment de la coupe, en temps convenable.

Les haies plates séparatives de deux héritages sont censées mitoyennes.

La propriété de la bande de terre laissée entre la ligne séparative et la plantation de la haie demeure au propriétaire de la haie.

Herbes mauvaises et nuisibles. — Elles doivent être enlevées : dans les froments, du 15 mars au 25 mai ; dans les seigles, du 10 mars au 15 mai.

I

Impôts. — Les impôts fonciers, ordinaires ou extraordinaires, sont à la charge du propriétaire. Si le fermier les paie, il les retient sur son prix de ferme.

L'impôt des portes et fenêtres est à la charge du locataire et à la charge du fermier.

Instruments aratoires. — Le fermier doit en posséder suffisamment pour répondre du prix de ferme et assurer une bonne exploitation.

Dans la colonie partiaire, la fourniture de ces instruments est faite en entier par le colon.

Ivraie. — Le fermier doit détruire l'ivraie avant la maturité des graines.

J

Jardins. — Les jardins sont consacrés, pour la plus grande partie, aux légumes et, pour le surplus, à d'autres plantes utiles aux besoins de la ferme. Le fermier ne peut en changer la destination ni enlever la terre sans le consentement du propriétaire.

L

Légumes. — Le locataire n'a aucun droit, à sa sortie, sur les légumes non parvenus à maturité au moment où finit le bail.

Lierre. — La destruction du lierre est obligatoire et à la charge du fermier.

Litières. — L'emploi des litières doit se faire sur les lieux ; le fermier ne peut ni les vendre ni les enlever (1).

---

(1) Cependant le fermier d'une closerie peut les enlever à sa sortie.

Loges. — Les loges restent au propriétaire sans distinction de leur forme ; cependant, si le fermier justifie avoir fourni tout ou partie à ses frais, le propriétaire a le choix ou de les laisser enlever ou de les retenir, en tenant compte de la valeur des objets fournis, à dire d'experts, au moment de la sortie.

Loyers. — Le paiement des loyers a lieu comme suit :

1° En deux termes égaux, la moitié à Noël, la moitié à la Saint-Jean, pour les maisons dont la jouissance commence le 24 juin ;

2° La moitié le 1er mai, la moitié le 1er novembre, pour les maisons louées à la Toussaint.

M

Maisons. — Dans les héritages urbains, le locataire doit le blanchiment à sa sortie. Ce blanchiment se fait au lait de chaux pour les maisons non tapissées ou peintes ; mais il est bien entendu qu'au cas de peinture ou de tapisserie, le locataire en doit l'entretien et les réparations.

Marcs. — Le marc de raisin est considéré comme engrais, et le sortant doit le laisser à l'entrant, après avoir bu dessus.

Marmenteaux. — Le fermier est exceptionnellement autorisé à enlever les basses branches des marmenteaux lorsqu'elles nuisent à la culture. Il les coupe alors à 0m25 ou 0m30 du pied, en biseau par dessous. Les émondes lui appartiennent.

Métairie ou grande ferme. — On nomme ainsi toute exploitation de plus de huit hectares.

N

Navets. — Les navets doivent être consommés sur place.

Pour les ensemencés de navets, on suit les mêmes usages que pour les ensemencés de trèfle.

O

Oies. — Dans la colonie partiaire, les oies sont comprises dans le partage des fruits.

Ouvriers aux pièces (1). — Ils ne peuvent quitter le maître ou être renvoyés avant l'achèvement du travail déterminé, à peine de dommages-intérêts.

Pour ceux qui sont à la journée, il faut, de part et d'autre, pour se quitter, s'avertir huit jours à l'avance.

P

Pailles. — La consommation des pailles doit se faire sur place. Le fermier ne peut ni les vendre ni les enlever pendant le cours ou à la fin du bail.

---

(1) Dans les grandes exploitations, comme les ardoisières, les mines, etc., ils sont soumis à des règlements particuliers dont nous n'avons point à parler.

Cependant, s'il s'agit d'une borderie ou closerie, ou de terres volantes, le fermier peut les emporter.

Dans la dernière année, les pailles sont partagées ainsi qu'il suit : deux tiers à l'entrant et l'autre tiers au sortant qui laisse sur le lieu ce qu'il n'a pas consommé.

Parelles. — La destruction en est obligatoire, avant la maturité des graines. Elle est à la charge du fermier.

Pas-de-bœuf, bordière, relit, sabottée, semelle, etc. — Sa largeur est de 0ᵐ33 pour les terres légères et de 0ᵐ16 à 0ᵐ17 pour les terrains plus fermes.

Passage. — La largeur du passage à pied est de 0ᵐ70 ;
Pour aller à un puits ou à une fontaine, 1ᵐ33 ;
Passage avec civières ou brouettes, 1ᵐ50 ;
Pour bestiaux, 1ᵐ50 ;
Passage pour cheval chargé, 1ᵐ50 ;
Passage pour voitures attelées, 3ᵐ ;
Passage pour voitures attelées, dans les coudes ou détours, 5ᵐ33.

Pavillons. — Les pavillons et constructions élevés dans un jardin par un locataire, à ses frais, peuvent être enlevés à la fin de son bail.

Pêche. — Le droit de pêche est toujours réservé au propriétaire.

Pépinières. — Le fermier est tenu d'entretenir la pépinière qu'il trouve sur la ferme en entrant.
Aux environs d'Angers, les pépiniéristes prennent

à ferme des terres qu'ils sèment et cultivent en arbres.

A la fin du bail, ils doivent laisser la terre défoncée et nette de mauvaises herbes.

Ils ne peuvent réclamer aucune indemnité pour les semis dont ils ne profitent pas.

Ils ont le droit d'enlever tous les arbres et arbustes qu'ils ont plantés.

Ils ne sont pas tenus de dommages-intérêts pour avoir retourné le sol (1), c'est-à-dire pour avoir rapporté les terres du fond à la surface ; ils ne sont pas astreints, à la sortie, de rétablir les terres dans leur état primitif.

Pierres. — Les pierres ramassées dans la ferme sont au propriétaire ; le fermier ne peut en disposer.

Plantations. — (Arbres à basse tige.) Les plantations sont libres et ne sont astreintes à aucune distance le long des eaux courantes non navigables.

Le long des murs mitoyens, on peut planter et appuyer des arbres, à la condition de les tenir constamment taillés et palissés au-dessous du chapeau ou chaperon.

Le propriétaire fait, à ses frais, telles plantations que bon lui semble, en indemnisant le fermier de tout dommage causé aux ensemencés. Pour les plantations annuelles, qui sont dues sans indem-

____

(1) A moins que cette faculté ne leur ait été formellement interdite.

nité par le fermier, il indique les endroits où elles doivent être pratiquées.

Toutes plantations d'arbres, sauf celles des sauvageons, sont interdites au fermier s'il n'a pas l'ordre ou l'autorisation du propriétaire.

Tous les jeunes arbrisseaux doivent être laissés vifs à la fin du bail. Cependant, si le fermier est obligé à planter annuellement un certain nombre d'arbres et qu'à sa sortie le nombre ne se retrouve pas, on lui accorde qu'il a pu en périr un tiers, dont il n'a pas à rendre compte.

Plantes fourragères. — La consommation des plantes fourragères se fait sur place, et le fermier ne peut ni les vendre ni les enlever, tant à la fin que pendant le cours de son bail.

Plantes nuisibles. — Elles doivent être détruites avant la maturité des graines.

Pommes de terre. — Les fanes (tiges ou feuilles) se partagent par moitié entre l'entrant et le sortant.

Prairies ou prés (naturels). — La clôture des prairies naturelles a lieu le 1er février.

La coupe ou fauchage se fait le plus ras possible.

L'époque de l'ouverture du pacage est fixée au 8 septembre.

Le pâturage du regain dans les prés communs a lieu à l'époque fixée dans chaque localité par l'autorité municipale.

Prairies ou prés (artificiels). — La clôture des prairies artificielles a lieu le 1er février.

Les autres usages sont les mêmes que pour les prairies naturelles.

Pressoirs. — Le fermier ou colon est tenu d'entretenir le pressoir à vin ou à cidre en bon état de propreté et de réparations locatives, et il est responsable de tous dommages causés par sa négligence.

Il doit désardiller le pressoir chaque fois qu'il s'en sert, disjoindre la maille pour faciliter le desséchement, le laver et, s'il y fait du cidre, piler en dehors les pommes et les poires.

Le bois des réparations pour le pressoir est fourni *debout* par le propriétaire.

Les réparations sont faites à la charge du fermier, chaque année, après que le pressoir ou le concasseur de pommes a servi.

Prestations. — Les prestations sont toujours à la charge du fermier.

Dans la colonie partiaire, le colon doit la totalité des prestations.

Produits. — (Colonie partiaire.) Tous les produits naturels et artificiels, excepté ceux qui doivent être consommés sur le lieu pour la nourriture du ménage et des bestiaux, ou pour l'amélioration du fonds, se partagent par moitié.

Puits commun. — La corde est entretenue par tous les ayants-droit. L'eau ne peut être employée à l'arrosage que du consentement de tous.

La corde et le chabut sont censés appartenir au fermier et le treuil au propriétaire, qui doit le fournir.

R

Racines fourragères. — Toutes les racines fourragères telles que carottes, betteraves, navets, pommes de terre, sont considérées comme fourrages et ne peuvent être vendues ni enlevées, sauf quelques cas mentionnés dans les articles spéciaux à chaque espèce.

Râteliers. — L'entretien des râteliers est à la charge du fermier, sauf la destruction par vétusté.

Rechaumage. — Rechaumer, c'est ensemencer de gros grains les mêmes terres deux années de suite. Cet abus est formellement interdit et le propriétaire serait autorisé à exiger des dommages-intérêts.

Récolte. — Le battage se fait à la ferme.
Dans les travaux de la dernière récolte, le sortant doit à l'entrant tous les locaux nécessaires aux approvisionnements des fourrages.

Rejetons ou gourmands. — Le fermier doit les détruire soigneusement.

Renaissances. — Il est interdit au fermier de les détruire, élaguer ou étêter ; il doit les ménager et les protéger.

Réparations locatives (1). — Le fermier doit entretenir les biens loués en bon état de réparations locatives ; ces réparations, outre celles men-

---

(1) Suivant l'article 1755, aucune des réparations n'est à la charge du fermier quand elles ne sont occasionnées que par vétusté ou force majeure.

tionnées dans l'article 1754 du C. C., comprennent :

L'entretien de l'aire, des maisons et greniers, soit en terre, soit carrelées ;

L'entretien du blanc ou de la tapisserie des maisons ;

L'entretien du carrelage des fours ;

Des couvertures en ardoises ou en paille ;

Du sol des écuries, rues et issues établies à la hauteur du dessous du seuil des écuries et étables ;

Des échelles, râteliers, mangeoires, crèches, entre-deux, auges, lorsque ces objets ont été fournis par le propriétaire et dépendent du lieu ;

Des barrières, échalas, haies, fossés et rigoles ;

Des cours et chemins d'exploitation fermés et préalablement encaissés ou macadamisés par le propriétaire ;

Du pressoir et de l'instrument à broyer les pommes ;

Des loges couvertes en chaume ou en paille ;

Des haies et des fossés.

Réparations (grosses) et réfections. — (Transport des matériaux.) Cette charge n'existe pas de plein droit ; il faut qu'elle ait été imposée par écrit ; si elle résultait seulement de conventions verbales, au cas de dénégation, la preuve par témoins ne serait pas admissible. Lors même qu'elle a été imposée au fermier, il peut refuser de s'y soumettre si les matériaux sont distants de plus de deux myriamètres. Plus loin, les frais de transport se paient par moitié.

Rosiers. — Le fermier, à la fin de son bail, peut enlever les rosiers plantés par lui, à moins que le propriétaire ne veuille les conserver moyennant indemnité.

Ruches à miel. — Elles sont censées appartenir toujours au locataire ou fermier.

S

Sarclage. — Le fermier doit sarcler :
Les blés de mars, avant le 24 juin. Si, postérieurement, il poussait de mauvaises herbes, le fermier les couperait à hauteur de chaume ;
Le froment, du 15 mars au 20 mai ;
Les grains de printemps, avant le 20 juin.

Toutes les récoltes doivent être sarclées convenablement ; les racines nuisibles doivent être soigneusement détruites avant d'avoir fructifié. Si le fermier sortant n'a pas exécuté ces sarclages dans le temps d'usage, ils peuvent être faits à ses frais par l'entrant.

Sarrazin ou blé noir. — Dans la dernière année, la paille se partage : un tiers au sortant, deux tiers à l'entrant.
Les chaumes sont coupés ras.

Seigle. (Chaume, dernière année.) — Le chaume doit avoir 0ᵐ45.

Semences. — Dans la colonie partiaire, la fourniture des semences se fait par moitié entre le propriétaire et le colon.
Il faut par hectare :
Avoine ou orge, deux hectolitres à deux hectolitres et demi. Froment ou seigle, même quantité.

T

Taillis. (Baliveaux et réserves.) — Pour la coupe, s'il y a un aménagement établi sur le lièu, le fermier doit le suivre ; sinon, il observe l'usage, sous peine de dommages-intérêts pour avance ou retard.

La coupe se fait :

Chêne et autres bois durs : à neuf ans.

Châtaigniers ou brosses : à six ans (1).

La coupe a lieu après l'arrêt complet de la sève.

Elle se fait à tire et à aire, c'est-à-dire à fleur de terre. Tous les bois sont coupés à la cognée et les souches et estocs ravalés au moment de l'abat, le plus près possible de terre, de manière que les anciens nœuds disparaissent, sans cependant ne rien écuisser, autrement ne rien fendre ni éclater en abattant.

On enlève le bois mort et le bois des haies quand on fait la coupe des taillis ; cependant les bruyères peuvent être enlevées avant le bois (2).

En principe, le pacage dans les taillis est strictement interdit.

Le fermier d'un taillis profite des sèves qu'il n'a pu cueillir, à raison de la durée de sa jouissance.

---

(1) On observe, pour la distinction, l'essence prédominante.

(2) La réparation des haies et des fossés s'effectue, à la charge du fermier, à la même époque, les rigoles servant à l'écoulement des eaux doivent toujours être bien entretenues.

Tapisseries. — Si le locataire a reçu la maison tapissée, il doit la rendre dans le même état.

Taupinières. — Elles doivent être étendues deux fois par an.

Taupes. — Elles sont détruites le plus possible aux frais du fermier.

Terreau. — Le jardinier peut enlever le terreau amassé dans le jardin loué.

Terres arables. — Si des terres arables ont été converties en prairies, elles ne peuvent être remises en culture qu'avec l'agrément du propriétaire.

Terres volantes. — Le fermier les cultive comme bon lui semble sans cependant changer leur nature.

Elles ne sont point sujettes aux droits de suite, et elles doivent être libres et sans ensemencé au moment de la sortie du fermier.

Le fermier doit couper les épis et le bois aux mêmes époques que celles indiquées pour les corps de ferme.

Le fermier dispose comme il l'entend du foin, de la paille et des autres produits, même dans la dernière année de jouissance.

Ces terres doivent être fumées dans la même proportion que les terres d'un corps de ferme.

Toitures. — Les couvertures en paille, chaume, roseaux ou genêts sont à la charge du fermier qui doit fournir la main-d'œuvre et les matières.

Toits à porcs. — L'entretien du nivellement du pavage est à la charge du fermier.

Trèfle. — L'entrant peut semer du trèfle dans les terres en friche, pendant l'été, jusqu'à concurrence du quart de l'étendue de l'exploitation (vignes, prés et bois non compris).

La paille du trèfle gardé à graine se partage : un tiers au sortant, deux tiers à l'entrant.

V

Vesceau et jarosse. — Mèmes usages que pour le trèfle.

Vétérinaires et médicaments. — (Colonie partiaire.) Ils sont payés moitié par le propriétaire, moitié par le colon.

Le choix du vétérinaire appartient au propriétaire.

Vignes. — Le fermier ou vigneron doit remplacer les ceps morts, s'il est impossible de provigner.

Le déchaussage doit se faire du 15 février au 15 mars.

Le. vigneron façonnier ou tâcher doit suivre, pour tous les détails de la culture, les indications du propriétaire à peine de dommages-intérêts fixés par expert.

Si le propriétaire n'a pas pris la précaution de faire signer un engagement détaillé par son vigneron, celui-ci doit suivre l'usage du pays et, dans le cas de négligence, d'avance ou de retard et d'abus quelconque, il paiera le préjudice causé au propriétaire.

Les fossés qui entourent les vignes doivent avoir 0^m 70 de largeur sur 0^m 50 de profondeur.

Le fermier doit tenir les vignes en bon état ; exécuter les façons prescrites par une bonne culture en temps et saisons convenables ; les rendre bien plantées.

Les provins doivent être fumés. Il faut un panier de terreau par fosse de provins.

On doit faire chaque année 15 fosses de provins, à trois branches, par 16 ares 48 centiares.

Le rabattage ou repassage se fait en mai.

Le râclage, lorsque l'opération est nécessaire, se fait en août.

Le fermier d'une vigne doit remplacer les souches mortes.

La taille à long bois ou à l'épi est défendue.

La taille à court bois se fait en janvier ou février.

Vitres. — L'entretien des vitres est à la charge du fermier, à moins qu'elles ne soient brisées par la grêle ou par accident de force majeure.

TABLE DES MATIÈRES

Angers, imp. Germain et G. Grassin. — 1490-86.

DU MÊME AUTEUR